Impressum
Verlag: BABADADA GmbH, Nedderfeld 112 , 22529 Hamburg
Geschäftsführer / Verlagsleitung: Harald Hof
Druck: Books on Demand GmbH, In de Tarpen 42, 22848 Norderstedt

Imprint
Publisher: BABADADA GmbH, Nedderfeld 112 , 22529 Hamburg, Germany
Managing Director / Publishing direction: Harald Hof
Print: Books on Demand GmbH, In de Tarpen 42, 22848 Norderstedt

skool
school

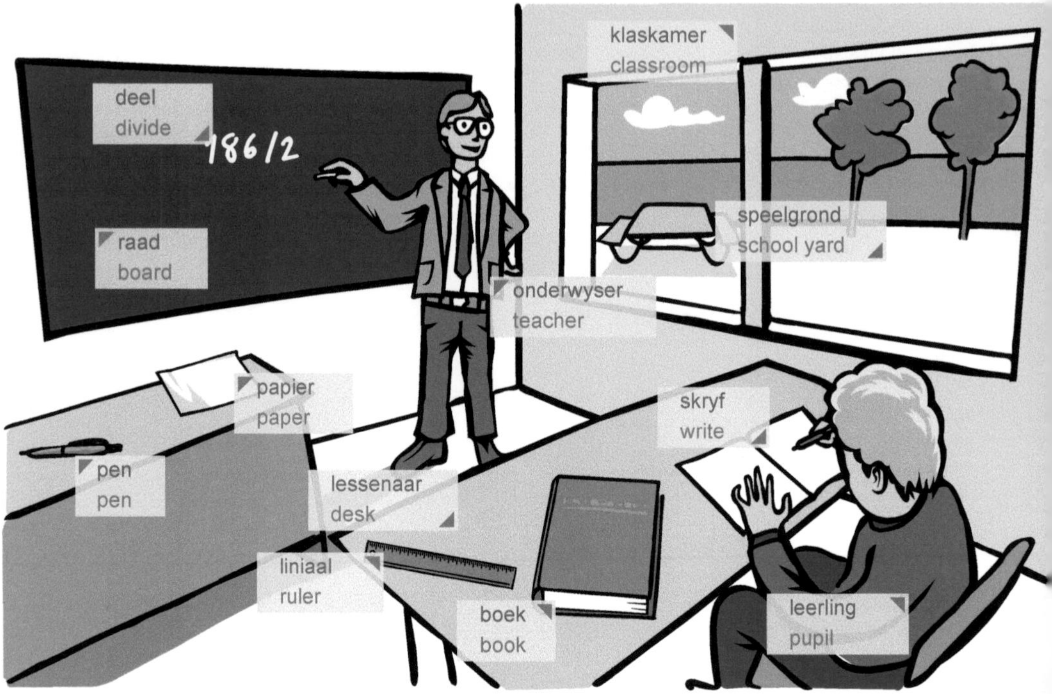
klaskamer
classroom
deel
divide
186/2
raad
board
speelgrond
school yard
onderwyser
teacher
papier
paper
skryf
write
pen
pen
lessenaar
desk
liniaal
ruler
boek
book
leerling
pupil

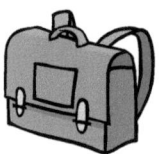

skooltas

satchel

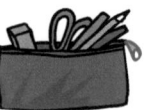

potloodhouer

pencil case

potlood

pencil

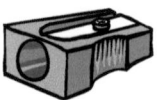

skerpmaker

pencil sharpener

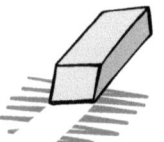

rubber

rubber

tekenblok

drawing pad

tekening

drawing

verfkwas

paintbrush

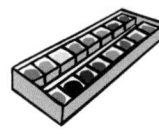

verfoppervlak

paint box

skêr

scissors

gom

glue

oefenboek

exercise book

huiswerk

homework

aantal

number

optel

add

aftrek

subtract

maal

multiply

bereken

calculate

brief

letter

alaphabet

alphabet

woord

word

teks

text

lees

read

kryt

chalk

les

lesson

registreer

register

eksamen

exam

sertifikaat

certificate

skooluniform

school uniform

onderwys

education

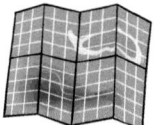

ensiklopedie

encyclopedia

universiteit

university

mikroskoop

microscope

kaart

map

vullisdrom

waste-paper basket

reis
travel

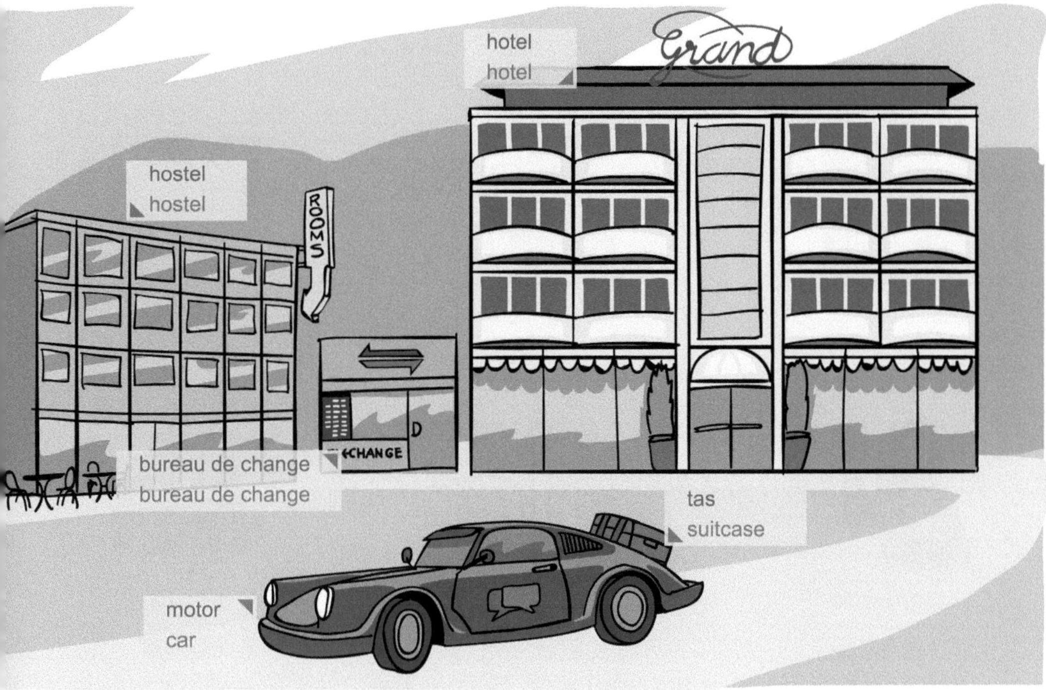

hotel
hotel
Grand
hostel
hostel
ROOMS
CHANGE
bureau de change
bureau de change
tas
suitcase
motor
car

taal
language

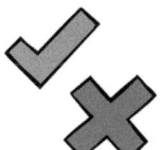

ja / nee
yes / no

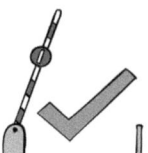

Goed
Okay

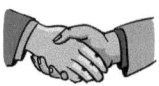

hallo
hello

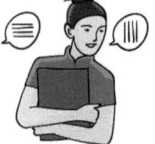

vertaler
translator

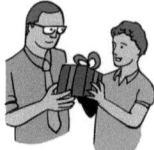

Dankie
Thank you

hoeveel is...?

how much is...?

Ek verstaan nie

I do not understand

probleem

problem

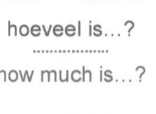

Goeie naand!

Good evening!

Goeie môre!

Good morning!

Goeie nag!

Good night!

totsiens

bye bye

rigting

direction

bagasie

luggage

sak

bag

rugsak

backpack

gas

guest

kamer

room

slaapsak

sleeping bag

tent

tent

toeriste-inligting

tourist information

strand

beach

kredietkaart

credit card

ontbyt

breakfast

middagete

lunch

aandete

dinner

kaartjie

ticket

hysbak

lift

posseël

stamp

grens

border

doeane

customs

ambassade

embassy

visum

visa

paspoort

passport

vervoer
transport

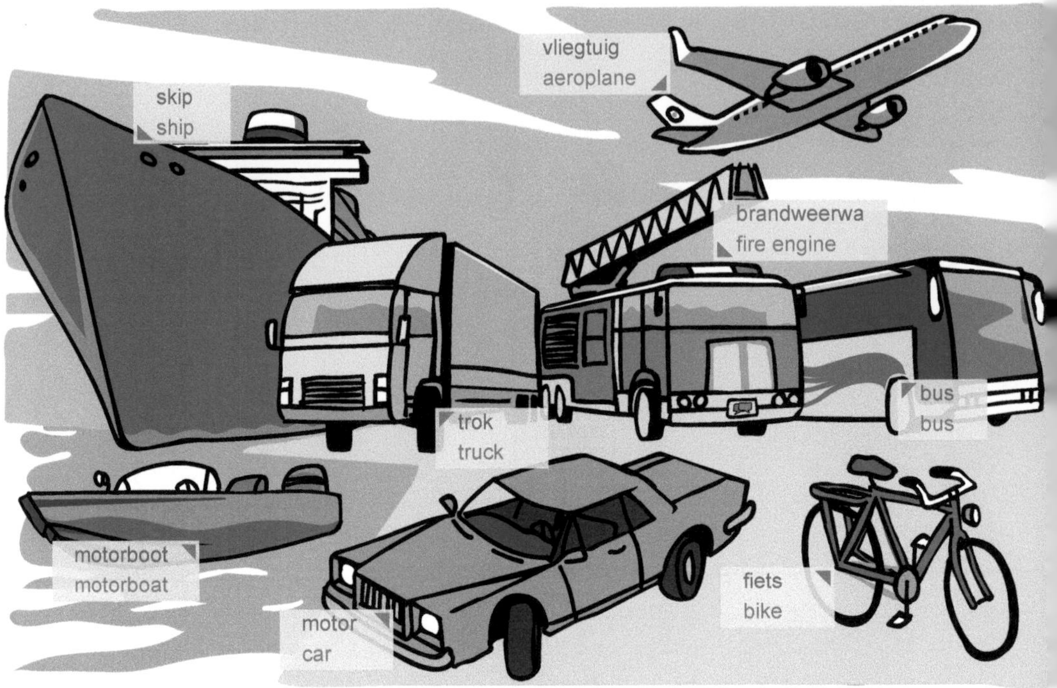
vliegtuig
aeroplane
skip
ship
brandweerwa
fire engine
bus
bus
trok
truck
motorboot
motorboat
fiets
bike
motor
car

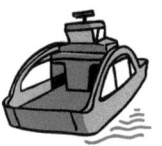

veerboot
ferry

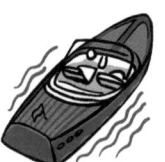

boot
boat

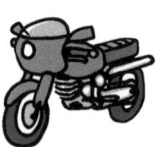

motorfiets
motorbike

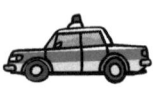

polisiemotor
police car

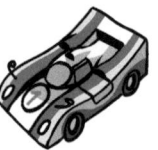

renmotor
racing car

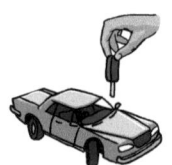

huurmotor
rental car

car-sharing

car sharing

insleepvoertuig

breakdown truck

vullisverwydering

refuse truck

enjin

motor

brandstof

fuel

vulstasie

petrol station

verkeersteken

traffic sign

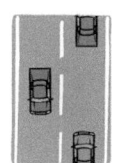

verkeer

traffic

verkeersknoop

traffic jam

parkeerplek

car park

stasie

train station

spore

tracks

trein

train

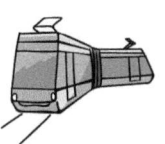

tram

tram

wa

carriage

helikopter

helicopter

lughawe

airport

toring

tower

passasier

passenger

houer

container

karton

carton

karretjie

cart

mandjie

basket

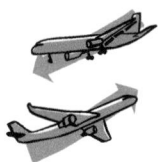

opstyg / land

take off / land

stad

city

dorpie

village

middestad

city centre

huis

house

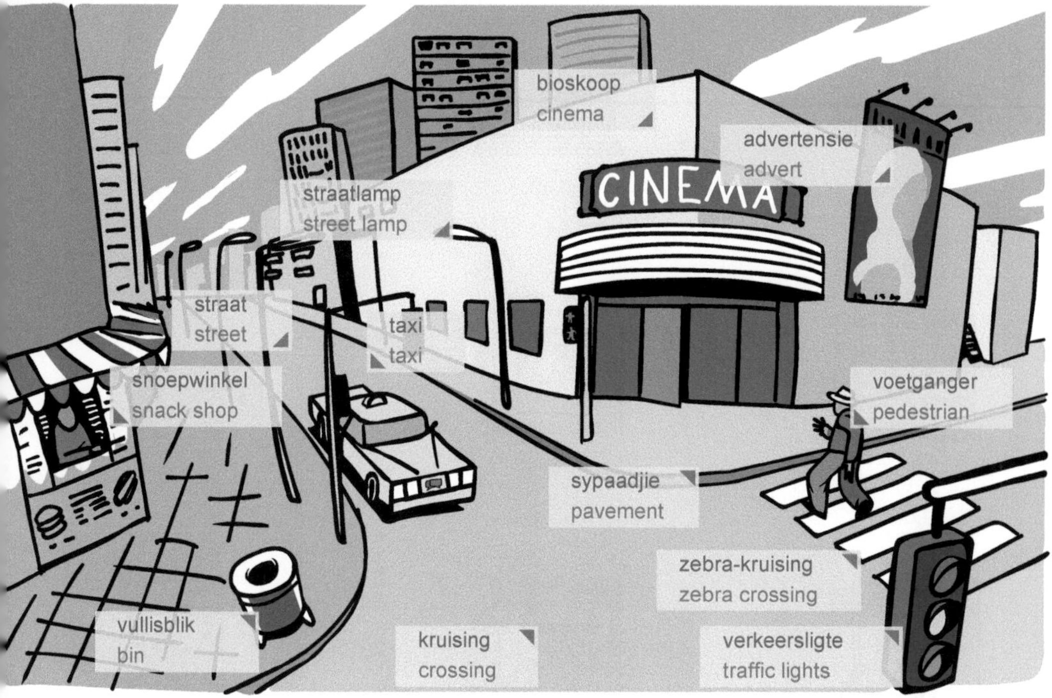

bioskoop
cinema

advertensie
advert

straatlamp
street lamp

CINEMA

straat
street

taxi
taxi

snoepwinkel
snack shop

voetganger
pedestrian

sypaadjie
pavement

zebra-kruising
zebra crossing

vullisblik
bin

kruising
crossing

verkeersligte
traffic lights

hut
hut

woonstel
flat

stasie
train station

stadsaal
town hall

museum
museum

skool
school

universiteit

university

bank

bank

hospitaal

hospital

hotel

hotel

apteek

pharmacy

kantoor

office

boekwinkel

book shop

winkel

shop

bloemis

florist's

supermark

supermarket

mark

market

handelshuis

department store

viswinkel

fishmonger's

inkopiesentrum

shopping centre

hawe

harbour

park
park

bankie
bench

brug
bridge

trappe
stairs

moltrein
underground

tonnel
tunnel

bushalte
bus stop

kroeg
bar

restaurant
restaurant

posbus
postbox

straatnaambord
street sign

parkeermeter
parking meter

dieretuin
zoo

swembad
swimming pool

moskee
mosque

plaas
farm

besoedeling
pollution

begraafplaas
graveyard

kerk
church

speelgrond
playground

tempel
temple

landskap
landscape

blaar
leaf

padwyser
signpost

pad
way

weiland
meadow

klip
stone

boom
tree

voetslaner
hiker

rivier
river

gras
grass

blom
flower

vallei

valley

heuwel

hill

meer

lake

bos

forest

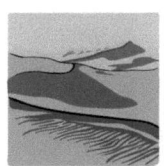

woestyn

desert

vulkaan

volcano

kasteel

castle

reënboog

rainbow

sampioen

mushroom

palmboom

palm tree

muskiet

mosquito

vlieg

fly

mier

ant

by

bee

spinnekop

spider

miskruier

beetle

padda

frog

eekhoring

squirrel

krimpvarkie

hedgehog

haas

hare

uil

owl

voël

bird

swaan

swan

wildevark

boar

takbok

deer

elk

moose

opgaardam

dam

windturbine

wind turbine

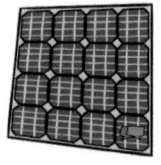

sonpaneel

solar panel

klimaat

climate

restaurant

restaurant

kelner
waiter
menu
menu
stoel
chair
sop
soup
pizza
pizza
eetgerei
cutlery
tafeldoek
tablecloth

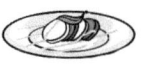

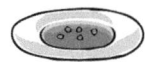

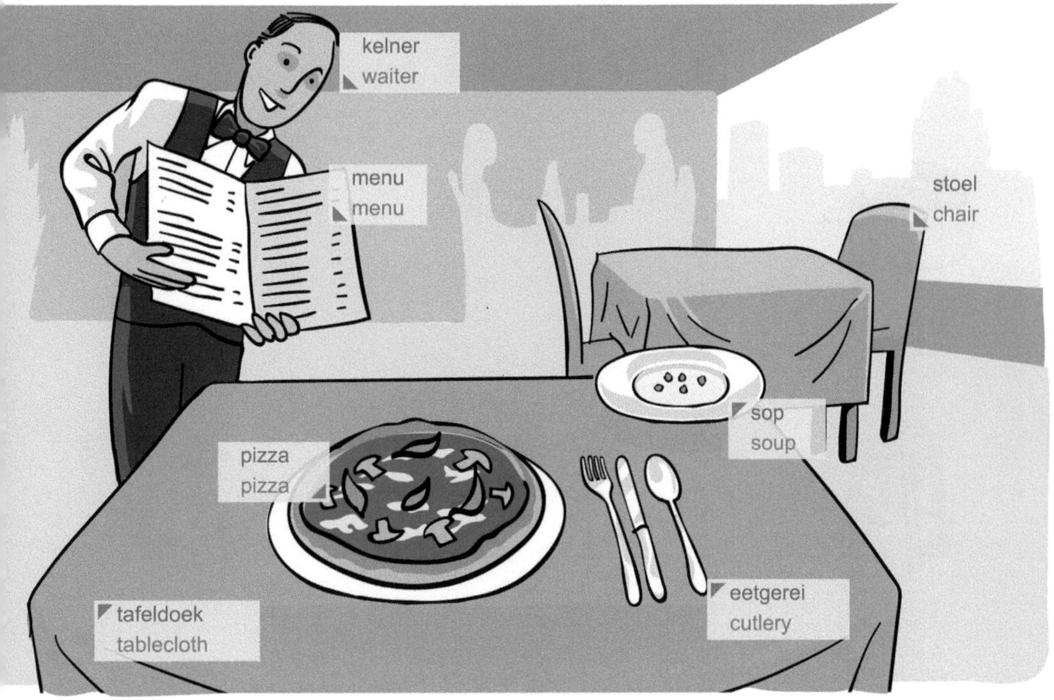

voorgereg

starter

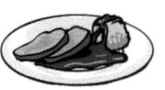

hoofgereg

main course

nagereg

dessert

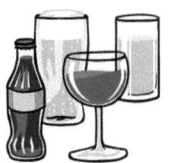

drankies

drinks

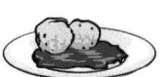

kos

food

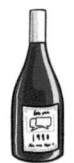

bottel

bottle

kitskos

fast food

straatkos

street food

teepot

teapot

suikerverpakking

sugar bowl

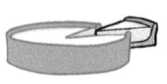

porsie

portion

espresso masjien

espresso machine

hoë stoel

high chair

rekening

bill

skinkbord

tray

mes

knife

vurk

fork

lepel

spoon

teelepel

teaspoon

servet

serviette

glas

glass

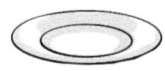

gereg

plate

sopbakkie

soup plate

piering

saucer

sous

sauce

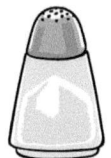

soutpot

salt pot

pepermeul

pepper mill

asyn

vinegar

olie

oil

speserye

spices

tamatiesous

ketchup

mosterd

mustard

mayonaise

mayonnaise

supermark
supermarket

spesiale aanbieding
special offer
kliënt
customer
FOR
suiwelprodukte
dairy
vrugte
fruit
trollie
trolley

BUTCHERS

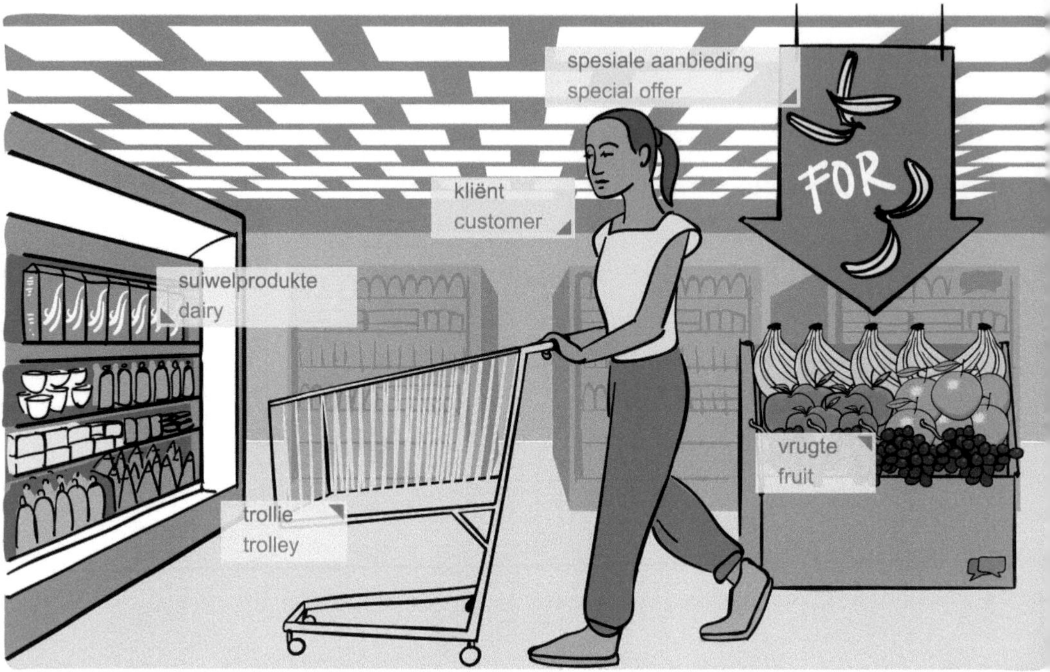

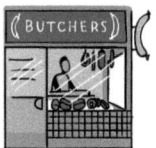

slaghuis

butcher´s

BAKERY

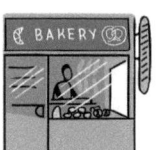

bakkery

baker´s

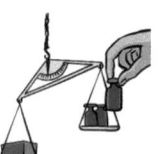

weeg

weigh

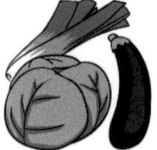

groente

vegetables

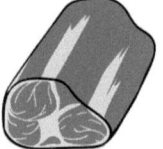

vleis

meat

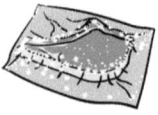

bevrore voedsel

frozen food

kouevleis

cold meat

blikkieskos

tinned food

waspoeier

washing powder

lekkers

sweets

huishoudelike produkte

household products

skoonmaakprodukte

cleaning products

verkoopsvrou

salesperson

kasregister

till

kassier

cashier

inkopielys

shopping list

besigheidsure

opening hours

beursie

wallet

kredietkaart

credit card

sak

bag

plastieksak

plastic bag

water

water

sap

juice

melk

milk

coke

coke

wyn

wine

bier

beer

alkohol

alcohol

kakao

cocoa

tee

tea

koffie

coffee

espresso

espresso

cappuccino

cappuccino

piesang

banana

appel

apple

lemoen

orange

waatlemoen

melon

suurlemoen

lemon

wortel

carrot

knoffel

garlic

bamboes

bamboo

ui

onion

sampioen

mushroom

neute

nuts

noedels

noodles

spaghetti

spaghetti

rys

rice

slaai

salad

aartappelskyfies

chips

gebraaide aartappels

fried potatoes

pizza

pizza

hamburger

hamburger

toebroodjie

sandwich

kotelet

cutlet

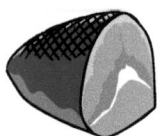

ham

ham

salami

salami

wors

sausage

hoender

chicken

braaivleis

roast

vis

fish

hawermoutflokkies

porridge oats

muesli

muesli

graanvlokkies

cornflakes

meel

flour

croissant

croissant

broodrolletjie

bread roll

brood

bread

roosterbrood

toast

koekies

biscuits

botter

butter

dikmelk

curd

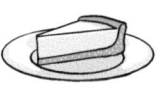

koek

cake

eier

egg

gebraaide eier

fried egg

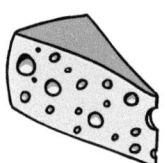

kaas

cheese

kos - food

roomys

ice cream

suiker

sugar

heuning

honey

konfyt

jam

nougat-smeer

chocolate spread

kerrie

curry

plaas
farm

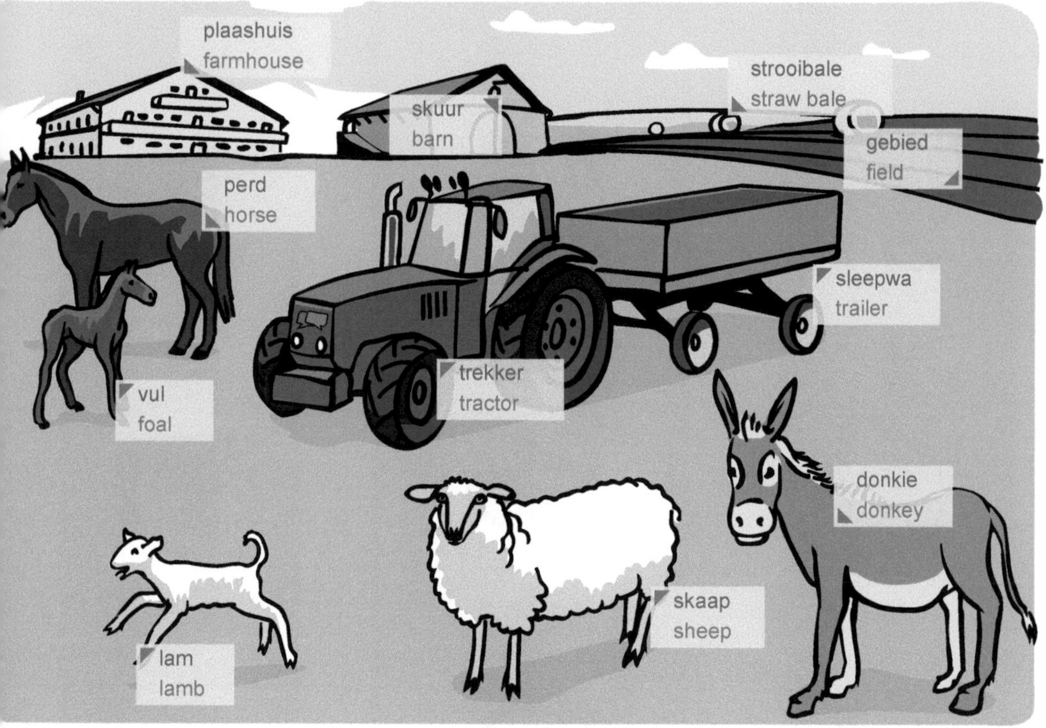
plaashuis
farmhouse
skuur
barn
strooibale
straw bale
gebied
field
perd
horse
sleepwa
trailer
trekker
tractor
vul
foal
donkie
donkey
skaap
sheep
lam
lamb

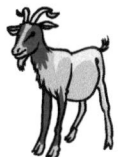

bok

goat

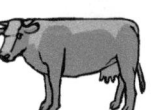

koei

cow

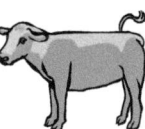

kalf

calf

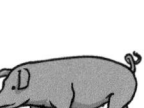

vark

pig

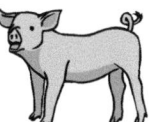

varkie

piglet

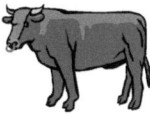

bul

bull

gans

goose

eend

duck

kuiken

chick

hen

hen

haan

cock

rot

rat

kat

cat

muis

mouse

os

ox

hond

dog

hondehok

doghouse

tuinslang

garden hose

gieter

watering can

sens

scythe

ploeg

plough

sekel
sickle

skoffel
hoe

gaffel
pitchfork

byl
axe

kruiwa
wheelbarrow

trog
trough

melkkan
milk can

sak
sack

heining
fence

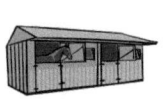

stal
stable

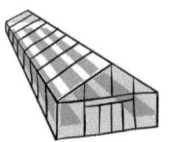

kweekhuis
greenhouse

grond
soil

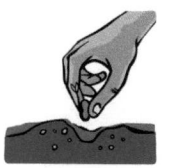

saad
seed

kunsmis
fertilizer

stroper
combine harvester

oes

harvest

oes

harvest

yam

yams

koring

wheat

soja

soy

aartappel

potato

koring

corn

raapsaad

rapeseed

vrugteboom

fruit tree

broodwortel

cassava

graan

cereals

huis

house

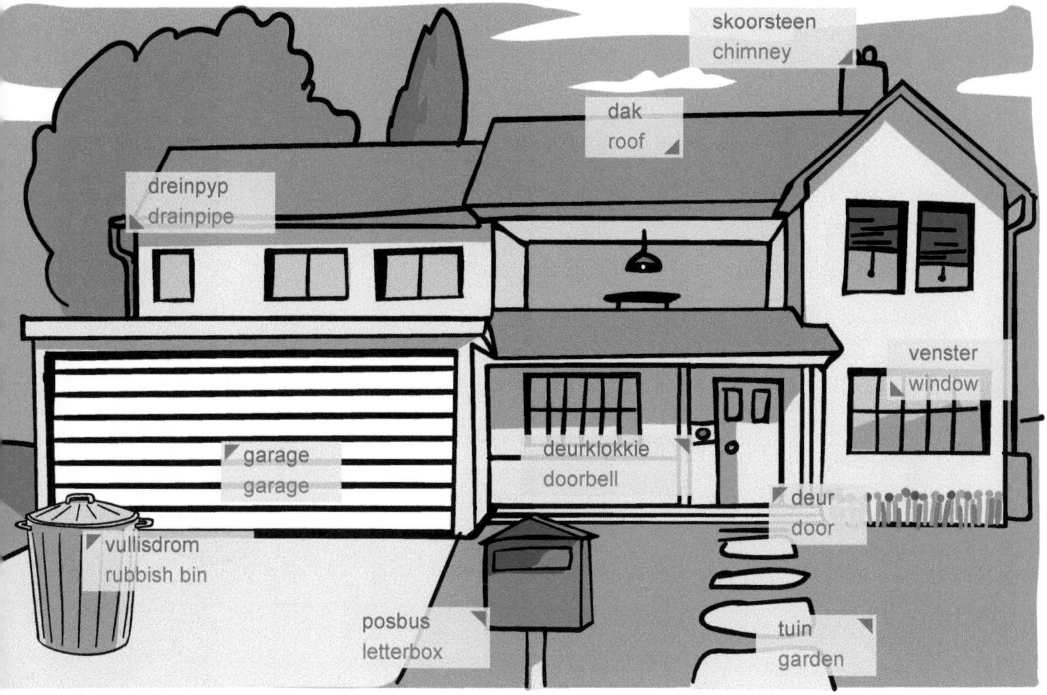
skoorsteen
chimney
dak
roof
dreinpyp
drainpipe
venster
window
garage
garage
deurklokkie
doorbell
deur
door
vullisdrom
rubbish bin
posbus
letterbox
tuin
garden

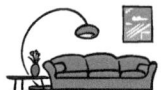

woonkamer

living room

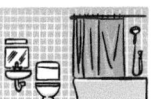

badkamer

bathroom

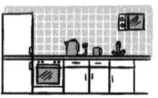

kombuis

kitchen

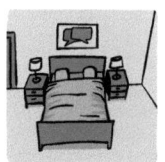

slaapkamer

bedroom

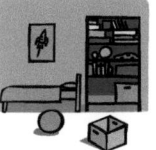

kinderkamer

child's room

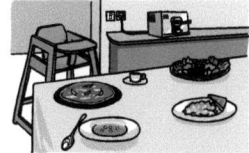

eetkamer

dining room

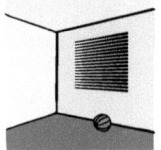

vloer

floor

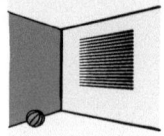

muur

wall

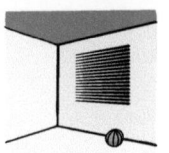

plafon

ceiling

kelder

cellar

sauna

sauna

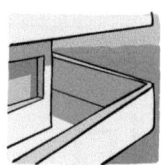

balkon

balcony

terras

terrace

swembad

pool

grassnyer

lawn mower

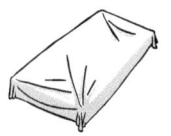

beddegoedoortreksel

sheet

deken

bedspread

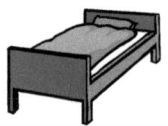

bed

bed

besem

broom

emmer

bucket

skakelaar

switch

woonkamer
living room

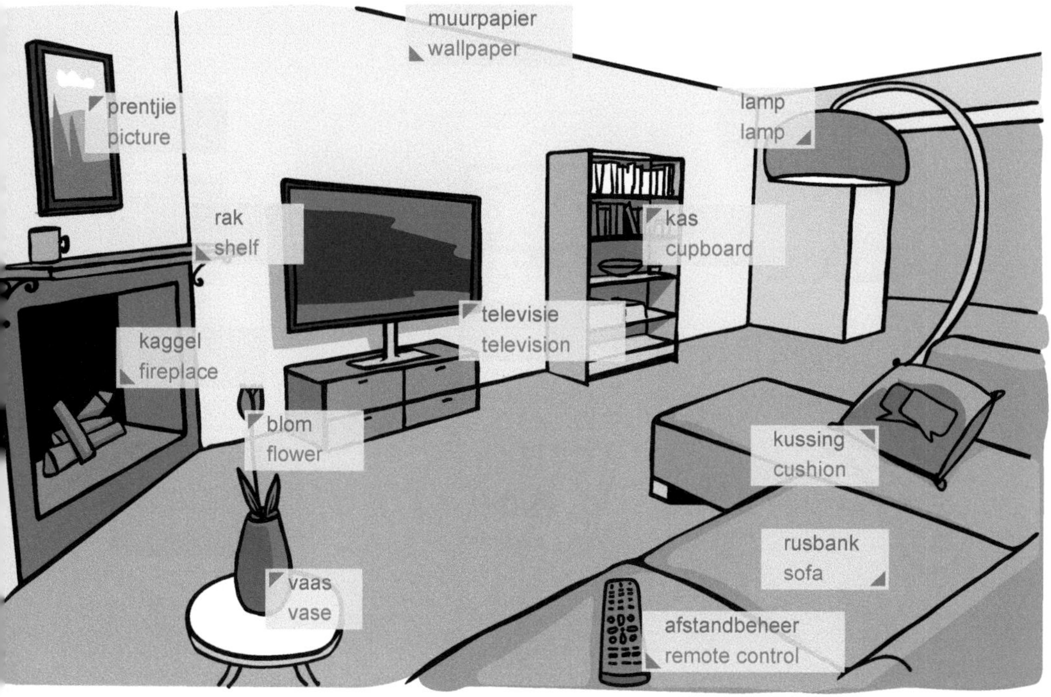
muurpapier
wallpaper
prentjie
picture
lamp
lamp
rak
shelf
kas
cupboard
televisie
television
kaggel
fireplace
blom
flower
kussing
cushion
rusbank
sofa
vaas
vase
afstandbeheer
remote control

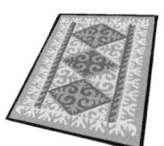

mat

carpet

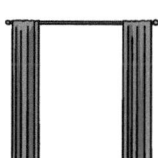

gordyn

curtain

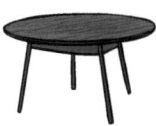

tafel

table

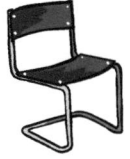

stoel

chair

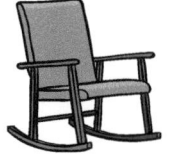

wiegstoel

rocking chair

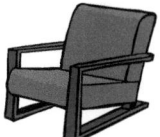

leunstoel

armchair

boek

book

kombers

blanket

versiering

decoration

vuurmaakhout

firewood

film

film

hoëtroustel

hi-fi equipment

sleutel

key

koerant

newspaper

skildery

painting

plakkaat

poster

radio

radio

notaboekie

notepad

stofsuier

hoover

kaktus

cactus

kers

candle

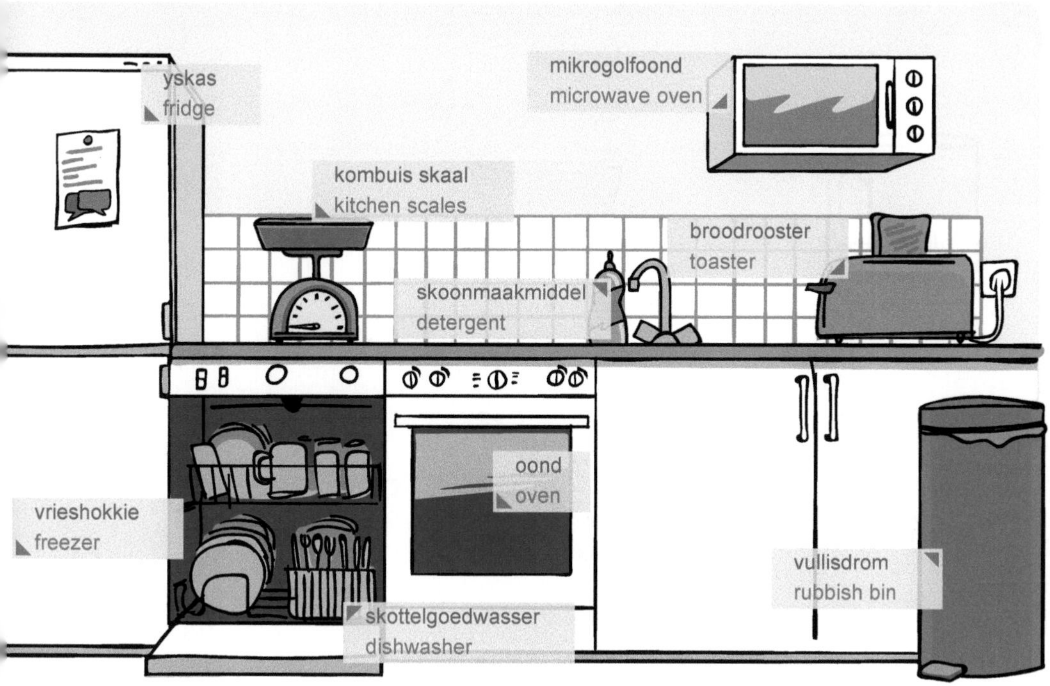

yskas
fridge

mikrogolfoond
microwave oven

kombuis skaal
kitchen scales

broodrooster
toaster

skoonmaakmiddel
detergent

oond
oven

vrieshokkie
freezer

vullisdrom
rubbish bin

skottelgoedwasser
dishwasher

drukkoker
cooker

pot
pot

ysterpot
cast-iron pot

wok / kadai
wok / kadai

pan
pan

ketel
kettle

stoomkoker

steamer

bakplaat

baking tray

breekware

crockery

beker

mug

bak

bowl

eetstokkie

chopsticks

skeplepel

ladle

spatel

spatula

klitser

whisk

sif

strainer

sif

sieve

rasper

grater

vysel

mortar

braai

barbecue

oop vuur

open fire

broodplank

chopping board

koekroller

rolling pin

kurktrekker

corkscrew

kan

can

blikoopmaker

can opener

vatlap

pot holder

opwasbak

sink

borsel

brush

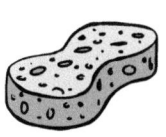

spons

sponge

menger

blender

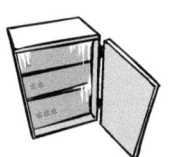

vrieskas

deep freezer

bababottel

baby bottle

kraan

tap

badkamer
bathroom

stort
shower
verwarming
heating
handdoek
towel
stortgordyn
shower curtain
borrel bad
bubble bath
bad
bathtub
glas
glass
wasmasjien
washing machine
kraan
tap
teëls
tiles
potjie
potty
opwasbak
sink

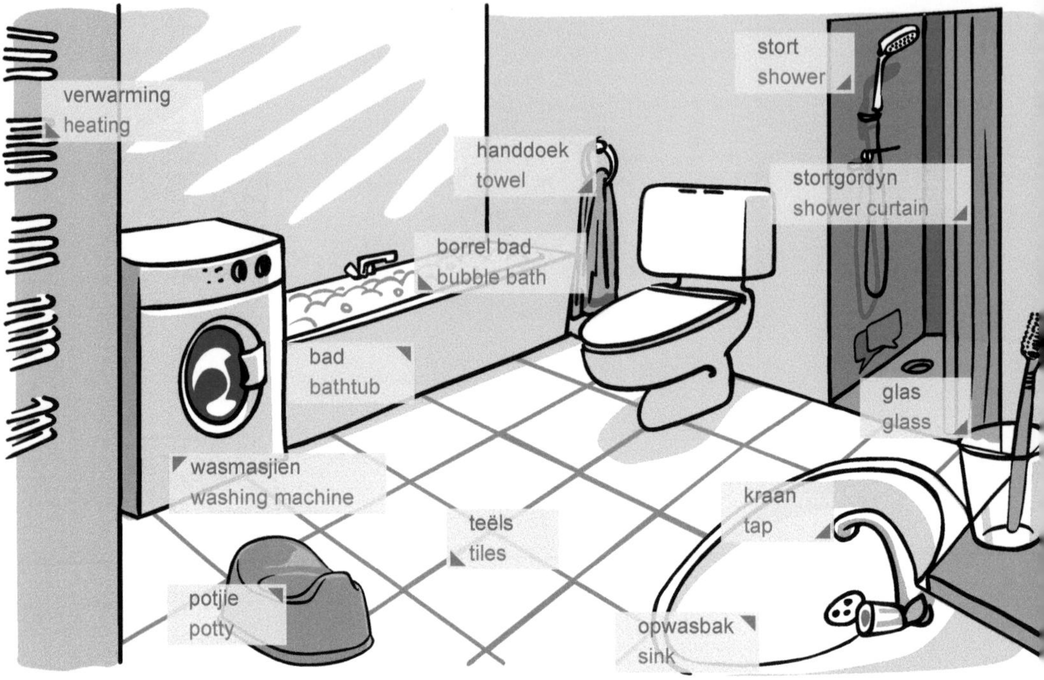

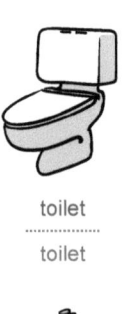

toilet

toilet

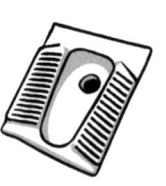

hurktoilet

squat toilet

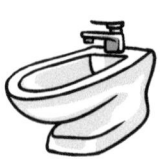

bidet

bidet

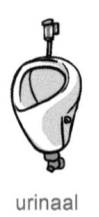

urinaal

urinal

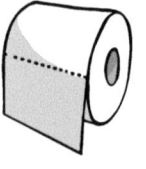

toiletpapier

toilet paper

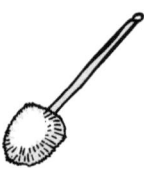

toiletborsel

toilet brush

tandeborsel

toothbrush

tandepasta

toothpaste

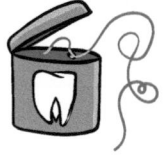

tande vlos

dental floss

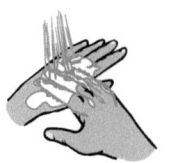

was

wash

handstort

handheld shower

stort

douche

wasbak

basin

rugkantborsel

back brush

seep

soap

stortgel

shower gel

sjampoe

shampoo

flanel

flannel

drein

drain

room

cream

reukweerder

deodorant

spieël

mirror

spieëltjie

hand mirror

skeermes

razor

skeerroom

shaving foam

naskeermiddel

aftershave

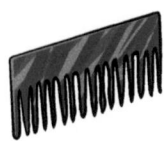

kam

comb

borsel

brush

haardroër

hair dryer

haarsproei

hairspray

grimmering

makeup

lipstifie

lipstick

naellak

nail varnish

watte

cotton wool

naelknipper

nail scissors

parfuum

perfume

toiletsakkie

washbag

stoel

stool

skaal

weighing scale

badjas

bathrobe

rubberhandskoene

rubber gloves

tampon

tampon

sanitêre handdoek

sanitary towel

chemiese toilet

chemical toilet

kinderkamer
child's room

wekker
alarm clock
snoesige speelding
cuddly toy
speelgoedkarretjie
toy car
ratel
rattle
pophuis
doll's house
geskenk
present

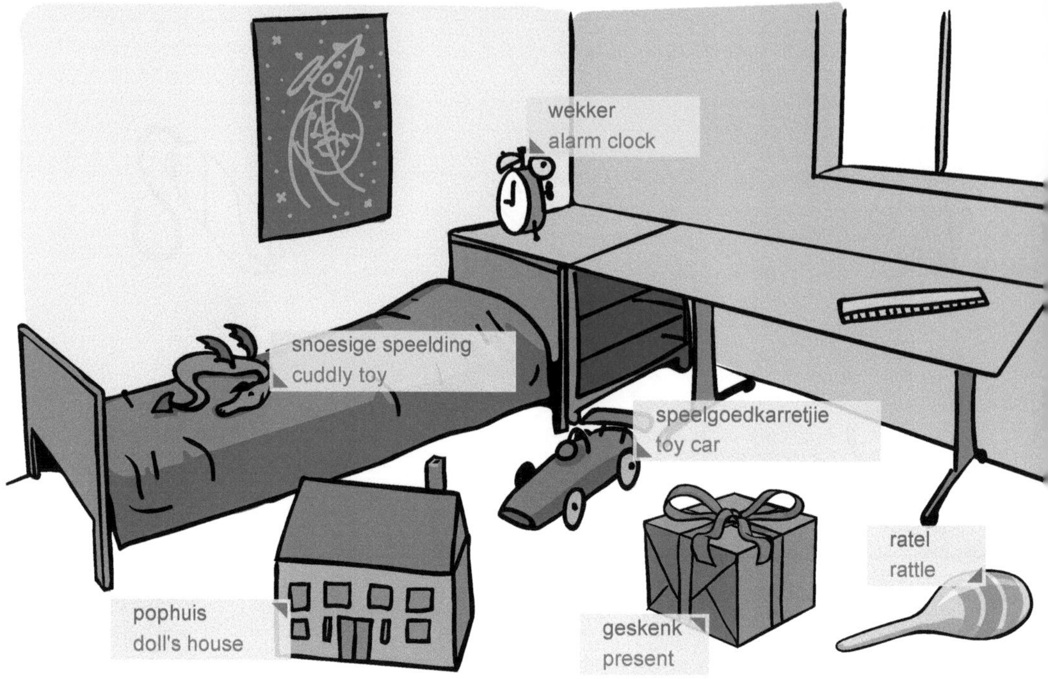

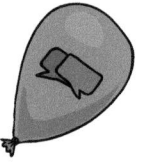

ballon

balloon

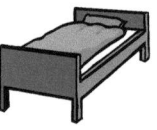

bed

bed

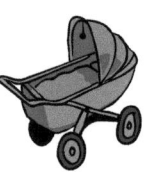

stootwaentjie

pram

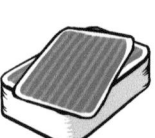

kaartespel

deck of cards

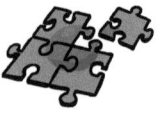

legkaart

jigsaw

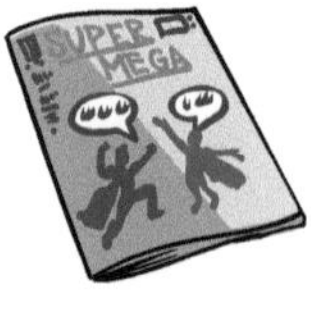

tekenprent

comic

lego-blokkies

lego bricks

speelgoedblokke

building blocks

animasieheld

action figure

groeipakkie

babygrow

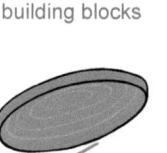

frisbee

frisbee

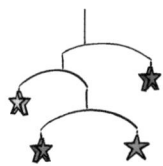

mobile

mobile

bordspeletjie

board game

dobbelsteen

dice

model trein stel

model train set

fopspeen

dummy

partytjie

party

prenteboek

picture book

bal

ball

pop

doll

speel

play

sandput

sandpit

swaai

swing

speelgoed

toys

videospeletjie-konsole

video game console

driewiel

tricycle

teddiebeer

teddy bear

klerekas

wardrobe

klere

clothing

sokkies

socks

kouse

stockings

broekiekouse

tights

serp
scarf

sambreel
umbrella

belt
belt

t-hemp
t-shirt

skoene
boots

pantoffels
slippers

tekkies
trainers

sandale	skoene	rubber stewels
sandals	shoes	rubber boots
onderbroek	bra	onderbaadjie
underpants	bra	vest

klere - clothing

liggaam

body

broek

trousers

jeans

jeans

romp

skirt

bloes

blouse

hemp

shirt

oortrektrui

pullover

oortrektrui

hoodie

baadjie

blazer

baadjie

jacket

jas

coat

reënjas

raincoat

kostuum

costume

rok

dress

trourok

wedding dress

pak

suit

nagrok

nightgown

pajamas

pyjamas

sari

sari

kopdoek

headscarf

tulband

turban

burqa

burqa

kaftan

kaftan

abaya

abaya

swembroek

swimsuit

swembroek

trunks

kortbroek

shorts

sweetpak

tracksuit

voorskoot

apron

handskoene

gloves

knoppie

button

bril

glasses

armband

bracelet

halssnoer

necklace

ring

ring

oorbel

earring

pet

cap

klerehanger

coat hanger

hoed

hat

das

tie

rits

zip

helmet

helmet

draadjies

braces

skooluniform

school uniform

uniform

uniform

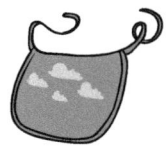

bib

bib

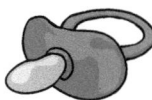

fopspeen

dummy

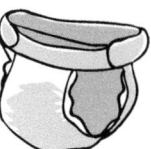

doek

nappy

kantoor

office

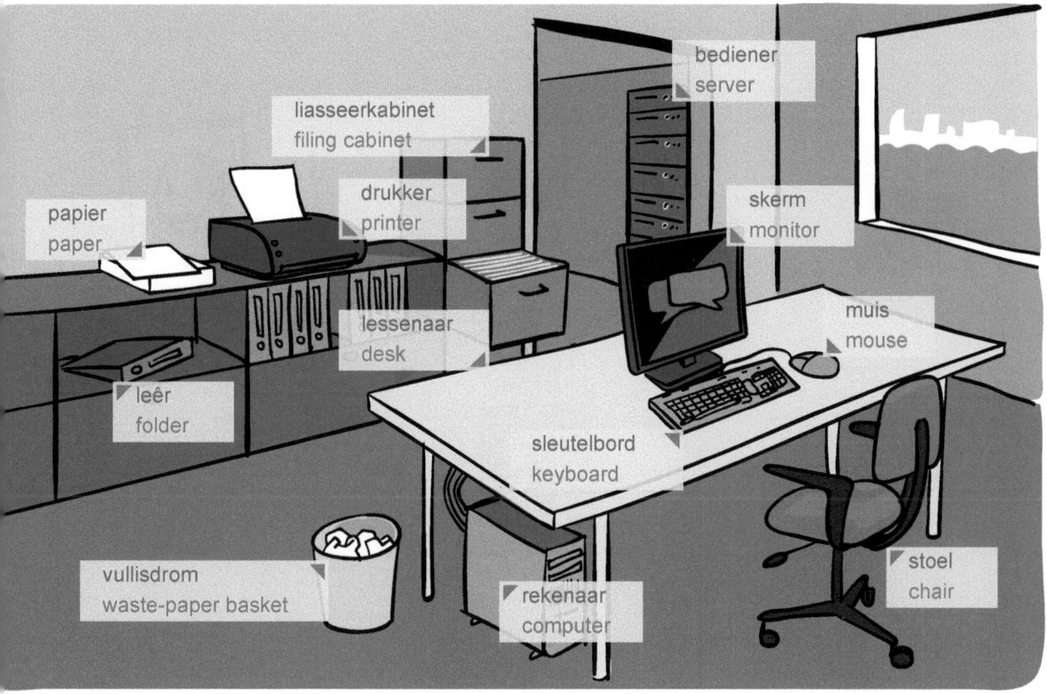

bediener
server
liasseerkabinet
filing cabinet
papier
paper
drukker
printer
skerm
monitor
lessenaar
desk
muis
mouse
leêr
folder
sleutelbord
keyboard
vullisdrom
waste-paper basket
rekenaar
computer
stoel
chair

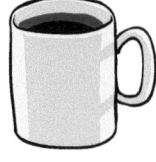

koffiebeker

coffee mug

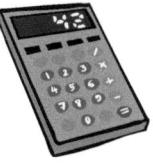

sakrekenaar

calculator

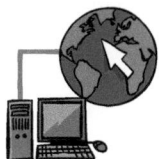

internet

internet

skootrekenaar

laptop

brief

letter

boodskap

message

selfoon

mobile

netwerk

network

fotostaatmasjien

photocopier

sagteware

software

telefoon

telephone

muurprop

plug socket

faksmasjien

fax machine

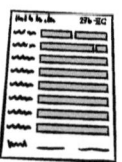

vorm

form

dokument

document

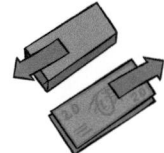

koop

buy

betaal

pay

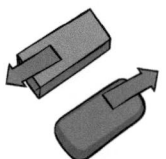

besigheid doen

trade

geld

money

dollar

dollar

euro

euro

yen

yen

roebel

rouble

switserse frank

Swiss franc

renminbi yuan

renminbi yuan

rupee

rupee

kontantteller (ATM)

cashpoint

bureau de change

bureau de change

goud

gold

silwer

silver

olie

oil

energie

energy

prys

price

kontrak

contract

belasting

tax

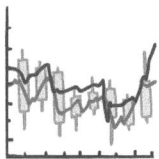

aandele

stock

werk

work

werknemer

employee

werkgewer

employer

fabriek

factory

winkel

shop

beroepe
occupations

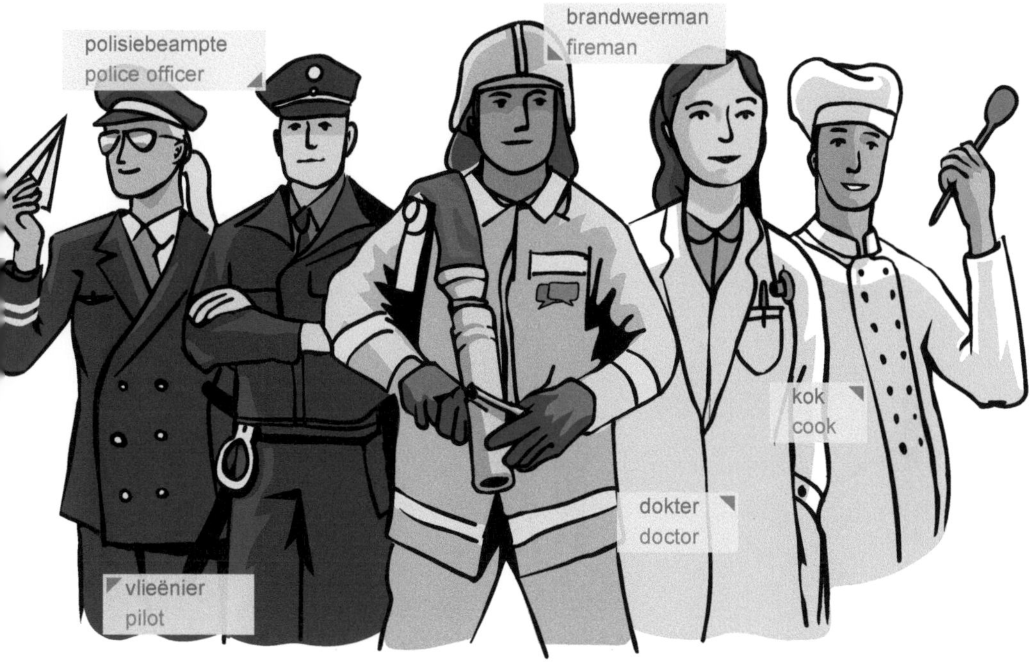
polisiebeampte
police officer
brandweerman
fireman
kok
cook
dokter
doctor
vlieënier
pilot

tuinier

gardener

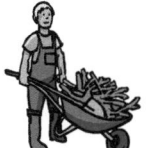

timmerman

carpenter

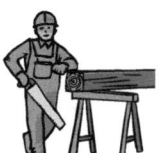

naaldwerkster

seamstress

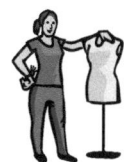

regter

judge

chemikus

chemist

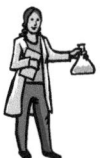

akteur

actor

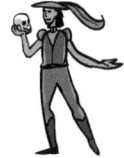

busbestuurder

bus driver

taxibestuurder

taxi driver

visserman

fisherman

skoonmaakvrou

cleaning lady

dakwerker

roofer

kelner

waiter

jagter

hunter

skilder

painter

bakker

baker

elektrisiën

electrician

bouer

builder

ingenieur

engineer

slagter

butcher

loodgieter

plumber

posman

postman

soldaat

soldier

argitek

architect

kassier

cashier

bloemiste

florist

haarkapper

hairdresser

kondukteur

conductor

werktuigkundige

mechanic

kaptein

captain

tandarts

dentist

wetenskaplike

scientist

rabbi

rabbi

imam

imam

monnik

monk

predikant

clergyman

gereedskap

tools

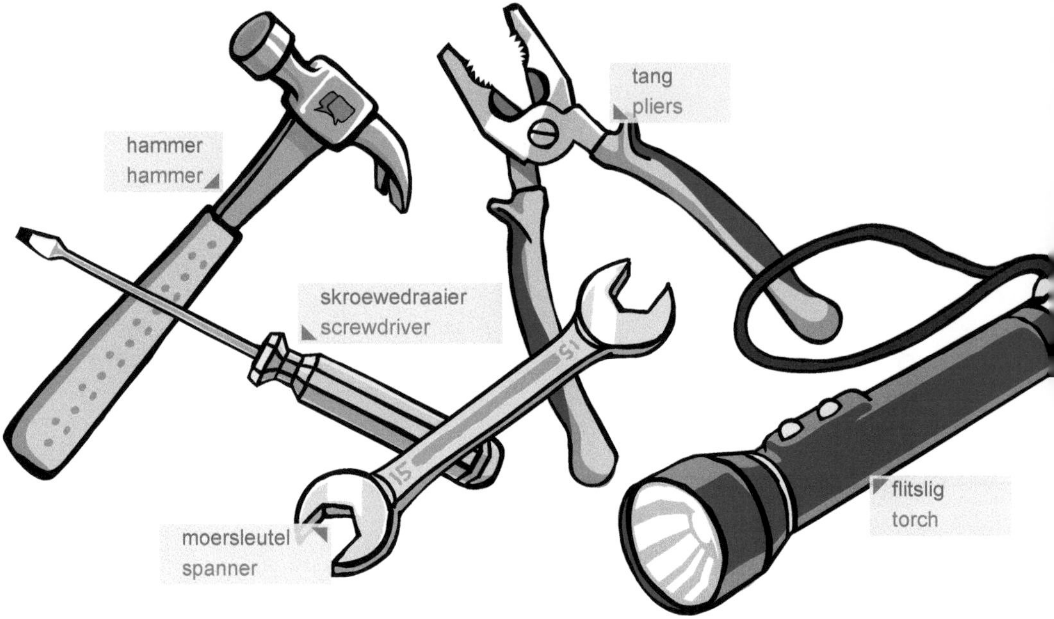
hammer
hammer
tang
pliers
skroewedraaier
screwdriver
moersleutel
spanner
flitslig
torch

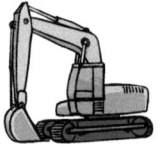

graaftoestel

digger

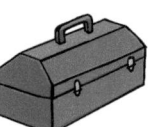

gereedskapskis

toolbox

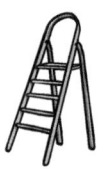

leer

ladder

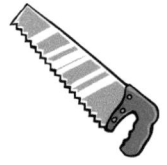

saag

saw

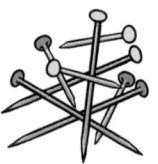

naels

nails

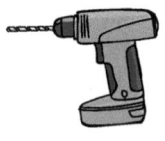

boor

drill

regmaak
repair

graaf
shovel

verdomp!
Damn!

skoppie
dustpan

verfpot
paint pot

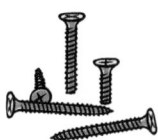

skroewe
screws

musiekinstrumente
musical instruments

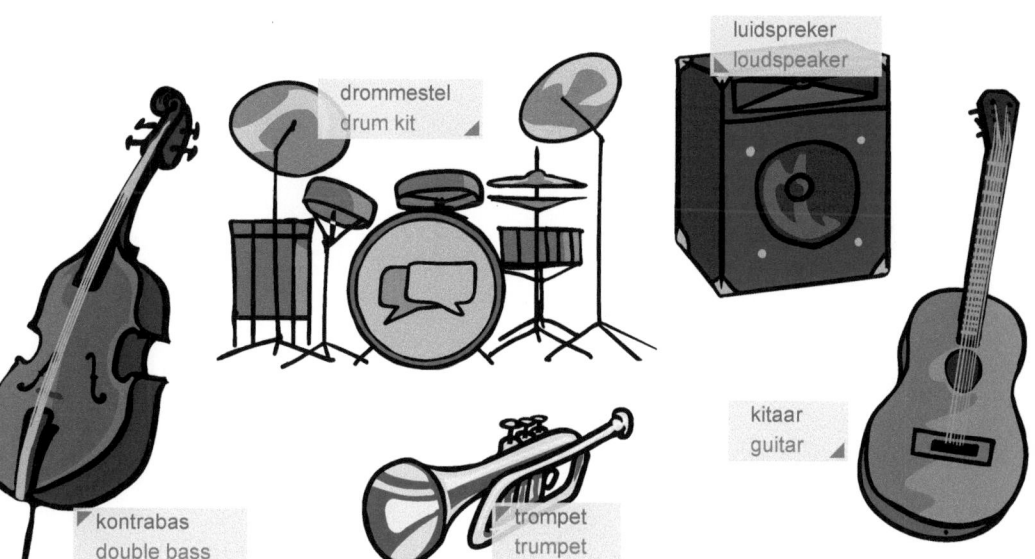

drommestel
drum kit

luidspreker
loudspeaker

kitaar
guitar

kontrabas
double bass

trompet
trumpet

klavier

piano

viool

violin

bas

bass

keteltrom

timpani

dromme

drums

sleutelbord

keyboard

saksofoon

saxophone

fluit

flute

mikrofoon

microphone

dieretuin

zoo

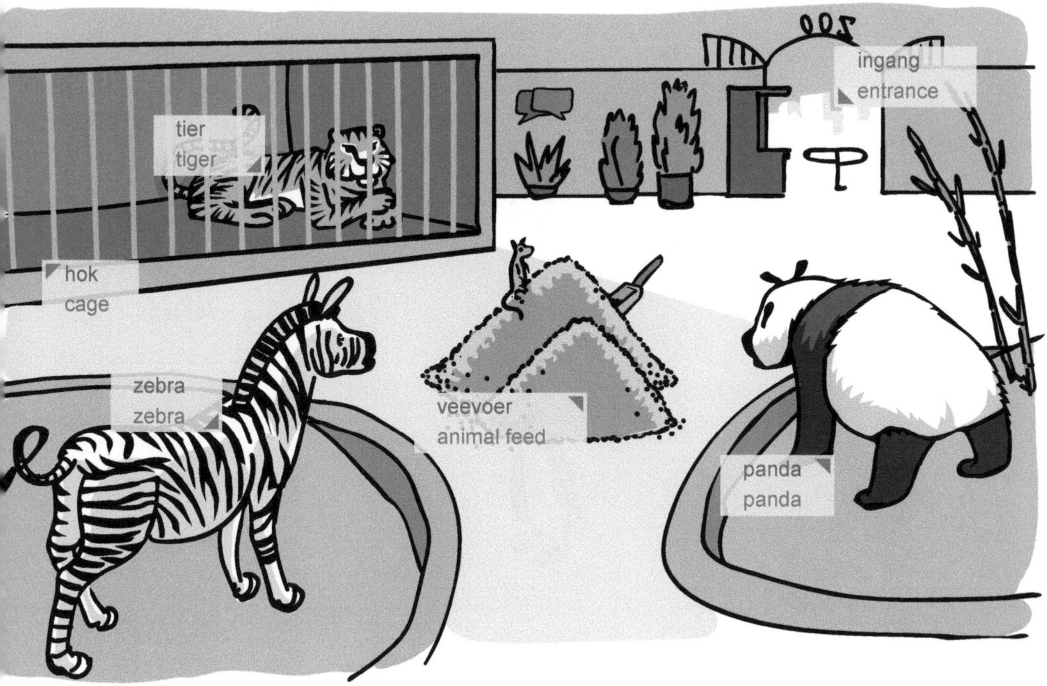
ingang
entrance
tier
tiger
hok
cage
zebra
zebra
veevoer
animal feed
panda
panda

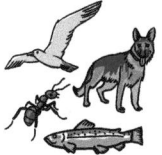

diere

animals

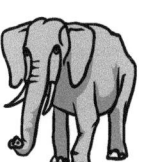

olifant

elephant

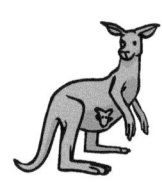

kangaroo

kangaroo

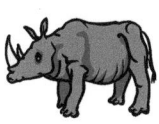

renoster

rhino

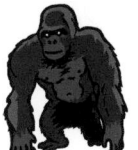

gorilla

gorilla

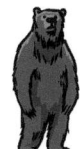

beer

bear

kameel

camel

volstruis

ostrich

leeu

lion

aap

monkey

flamink

flamingo

papegaai

parrot

ysbeer

polar bear

pikkewyn

penguin

haai

shark

pou

peacock

slang

snake

krokodil

crocodile

dieretuinopsigter

zookeeper

rob

seal

jaguar

jaguar

ponie

pony

luiperd

leopard

seekoei

hippo

kameelperd

giraffe

arend

eagle

wildevark

boar

vis

fish

skilpad

turtle

walrus

walrus

jakkals

fox

gemsbok

gazelle

Amerikaanse Voetbal
American football

fietsry
cycling

tennis
tennis

basketbal
basketball

swem
swimming

boks
boxing

ys-hokkie
ice hockey

sokker
football

pluimbal
badminton

atletiek
athletics

handbal
handball

ski
skiing

polo
polo

spring
jump

lag
laugh

drukkie
hug

loop
walk

sing
sing

droom
dream

bid
pray

soen
kiss

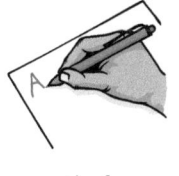

skryf

write

teken

draw

show

show

druk

push

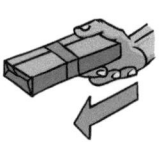

gee

give

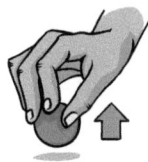

neem

take

het
....
have

doen
....
do

wees
....
be

staan
....
stand

hardloop
....
run

trek
....
pull

gooi
....
throw

val
....
fall

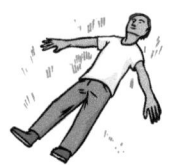

jok
....
lie

wag
....
wait

dra
....
carry

sit
....
sit

aantrek
....
get dressed

slaap
....
sleep

wakker word
....
wake up

kyk na

look at

huil

cry

streel

stroke

kam

comb

praat

talk

verstaan

understand

vra

ask

luister

listen

drink

drink

eet

eat

opruim

tidy up

liefhê

love

kook

cook

ry

drive

vlieg

fly

aktiwiteite - activities

seil

sail

bereken

calculate

lees

read

leer

learn

werk

work

trou

marry

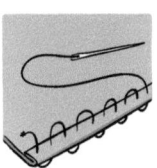

naai

sew

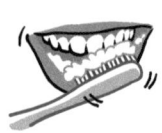

tande borsel

brush teeth

doodmaak

kill

rook

smoke

stuur

send

ouma
grandmother

oupa
grandfather

pa
father

ma
mother

baba
baby

dogter
daughter

seun
son

gas

guest

tannie

aunt

oom

uncle

broer

brother

suster

sister

liggaam

body

voorkop
forehead
oog
eye
skouer
shoulder
vinger
finger
gesig
face
ken
chin
hand
hand
been
leg
bors
breast
arm
arm

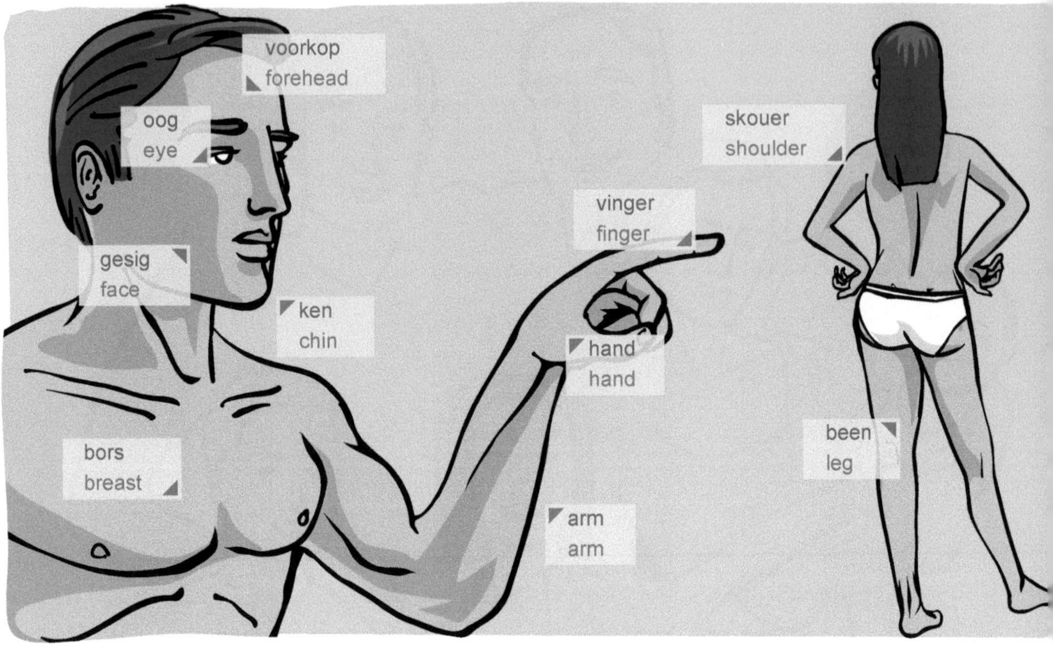

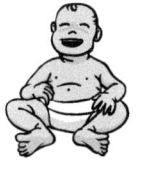

baba
baby

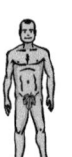

man
man

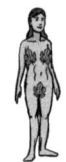

vrou
woman

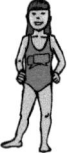

meisie
girl

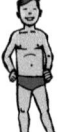

seun
boy

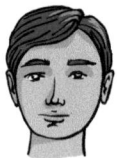

kop
head

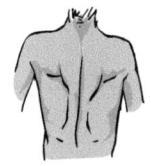

rug

back

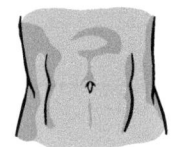

buik

belly

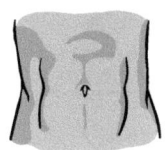

naelstring

belly button

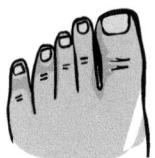

toon

toe

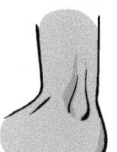

hak

heel

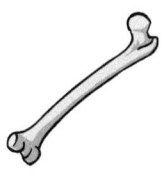

been

bone

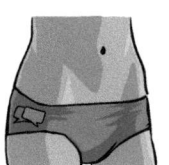

heup

hip

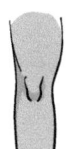

knie

knee

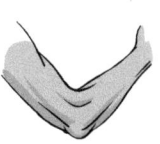

elmboog

elbow

neus

nose

boude

bottom

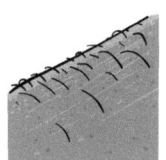

vel

skin

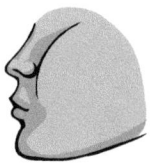

wang

cheek

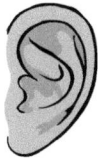

oor

ear

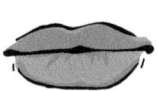

lippe

lip

liggaam - body

mond
mouth

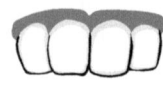

tand
tooth

tong
tongue

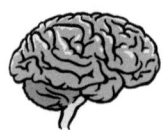

brein
brain

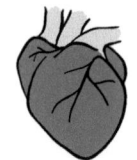

hart
heart

spiere
muscle

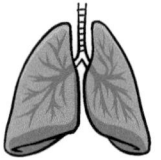

long
lung

lewer
liver

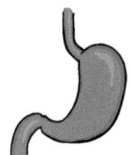

maag
stomach

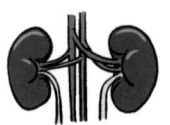

niere
kidneys

seks
sex

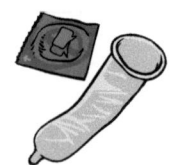

kondoom
condom

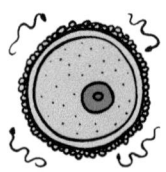

eierstok
ovum

semen
semen

swangerskap
pregnancy

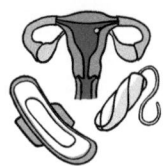

menstruasie
menstruation

vagina
vagina

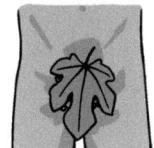

penis
penis

wenkbrou
eyebrow

hare
hair

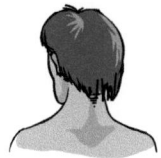

nek
neck

hospitaal
hospital

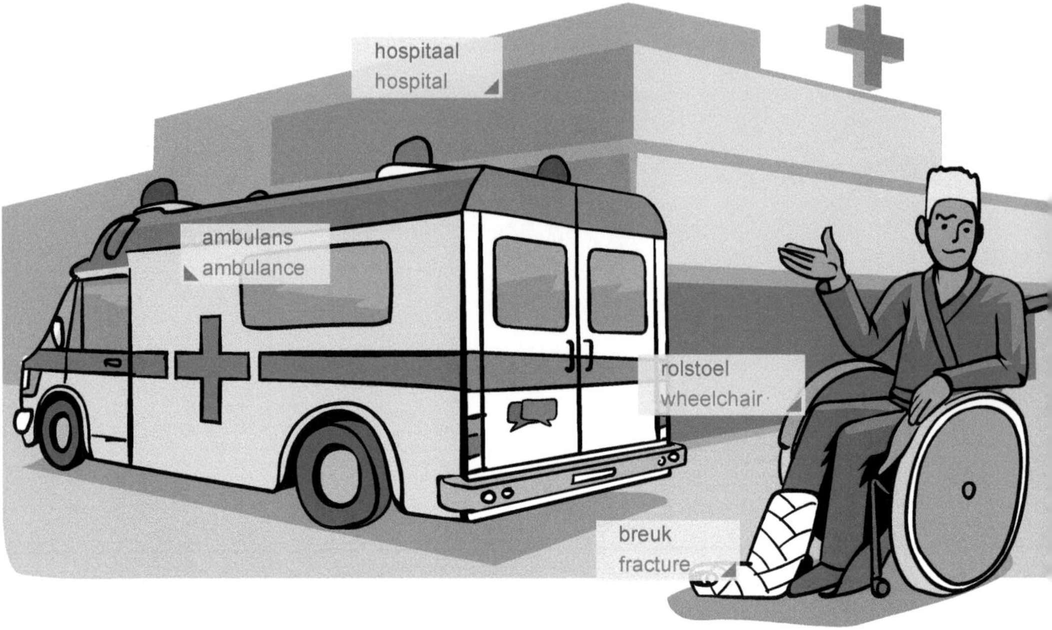

hospitaal
hospital
ambulans
ambulance
rolstoel
wheelchair
breuk
fracture

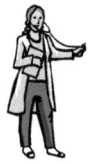

dokter
doctor

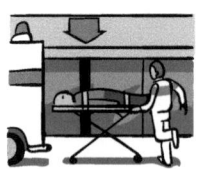

ongevalle
emergency room

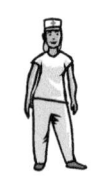

verpleegster
nurse

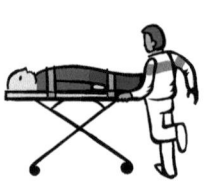

noodgeval
emergency

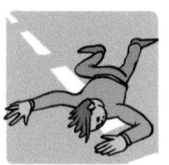

bewusteloos
unconscious

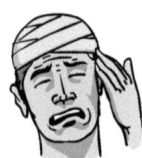

pyn
pain

besering

injury

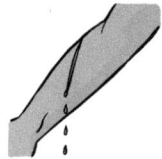

bloeding

bleeding

hartaanval

heart attack

beroerte

stroke

allergie

allergy

hoes

cough

koors

fever

griep

flu

diarree

diarrhoea

hoofpyn

headache

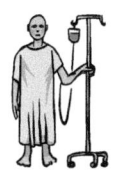

kanker

cancer

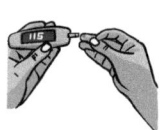

diabetes

diabetes

chirurg

surgeon

skalpel

scalpel

operasie

operation

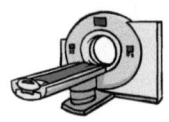

CT

CT

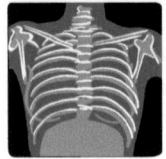

X-straal

x-ray

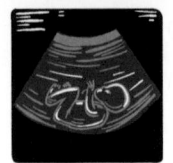

ultraklank

ultrasound

gesigmasker

face mask

siekte

disease

wagkamer

waiting room

kruk

crutch

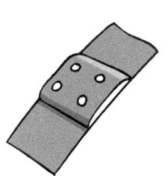

gips

plaster

verband

bandage

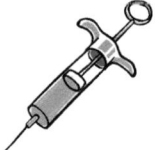

inspuiting

injection

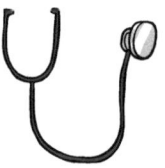

stetoskoop

stethoscope

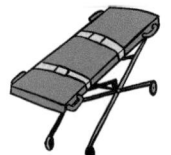

draagbaar

stretcher

kliniese termometer

clinical thermometer

geboorte

birth

oorgewig

overweight

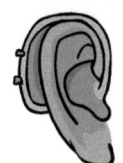

gehoorapparaat

hearing aid

ontsmettingsmiddel

disinfectant

infeksie

infection

virus

virus

MIV / vigs

HIV / AIDS

medisyne

medicine

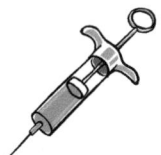

inenting

vaccination

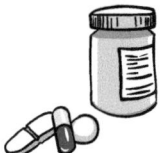

tablette

tablets

pil

pill

noodoproep

emergency call

blooddrukmonitor

blood pressure monitor

siek / gesond

ill / healthy

Help!

Help!

alarm

alarm

aanranding

assault

aanval

attack

gevaar

danger

nooduitgang

emergency exit

Brand!

Fire!

brandblusser

fire extinguisher

ongeluk

accident

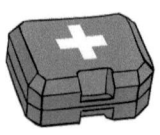

noodhulpkissie

first-aid kit

SOS

SOS

polisie

police

Europa

Europe

Noord-Amerika

North America

Suid-Amerika

South America

Afrika

Africa

Asië

Asia

Australië

Australia

Atlantiese Oseaan

Atlantic

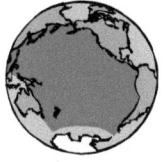

Stille Oseaan

Pacific

Indiese Oseaan

Indian Ocean

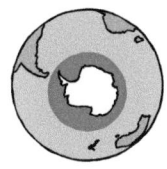

Antarktiese Oseaan

Antarctic Ocean

Arktiese Oseaan

Arctic Ocean

Noordpool

North Pole

Suidpool

South Pole

Antarktika

Antarctica

aarde

Earth

land

land

see

sea

eiland

island

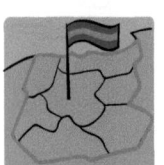

nasie

nation

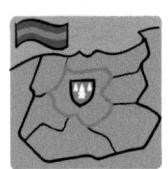

staat

state

horlosie

clock face

uur-aanwyser

hour hand

minuut-aanwyser

minute hand

sekonde-aanwyser

second hand

Hoe laat is dit?

What time is it?

dag

day

tyd

time

nou

now

digitale horlosie

digital watch

minuut

minute

uur

hour

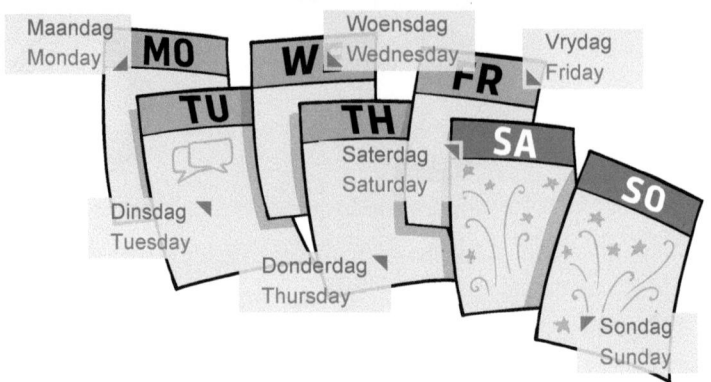

Maandag / Monday — MO
Dinsdag / Tuesday — TU
Woensdag / Wednesday — W
Donderdag / Thursday — TH
Vrydag / Friday — FR
Saterdag / Saturday — SA
Sondag / Sunday — SO

gister

yesterday

vandag

today

môre

tomorrow

oggend

morning

middag

noon

aand

evening

werksdae

business days

naweek

weekend

jaar

year

reën
rain
reënboog
rainbow
wind
wind
sneeu
snow
lente
spring
Herfs
autumn
somer
summer
winter
winter

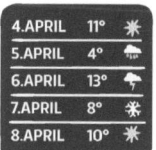

4.APRIL 11°
5.APRIL 4°
6.APRIL 13°
7.APRIL 8°
8.APRIL 10°

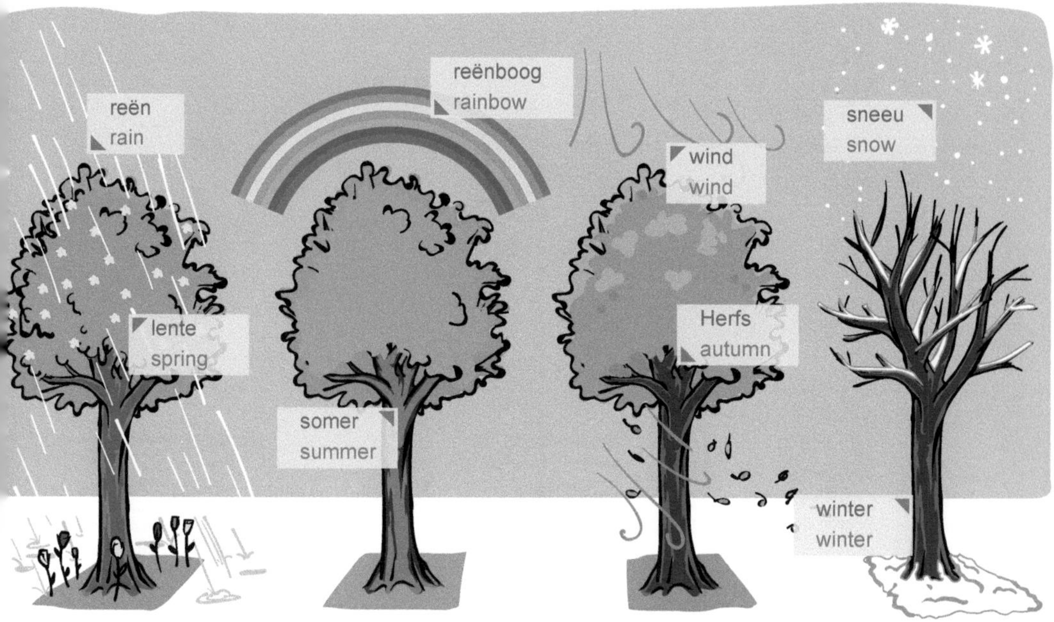

weervoorspelling

weather forecast

F C
120 40
90 30
60 20
30 10
0 0
-30 -10
-20

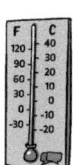

termometer

thermometer

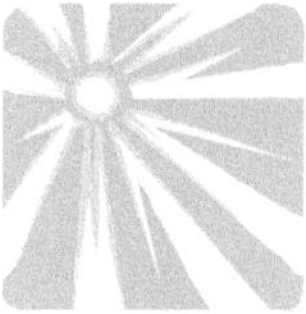

sonskyn

sunshine

wolk

cloud

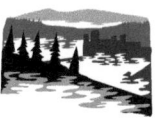

mis

fog

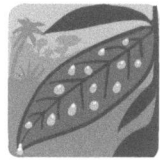

humiditeit

humidity

weerlig

lightning

donderweer

thunder

storm

storm

hael

hail

reënseisoen

monsoon

vloed

flood

ys

ice

Januarie

January

Februarie

February

Maart

March

April

April

Mei

May

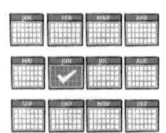

Junie

June

Julie

July

Augustus

August

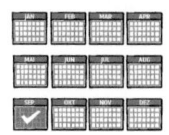

September
....
September

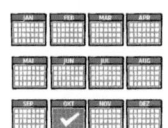

Oktober
....
October

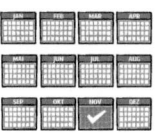

November
....
November

Desember
....
December

sirkel
....
circle

vierkant
....
square

reghoek
....
rectangle

driehoek
....
triangle

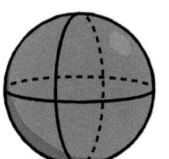

gebied
....
sphere

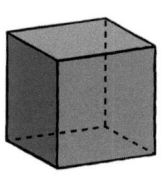

kubus
....
cube

wit

white

geel

yellow

oranje

orange

pink

pink

rooi

red

pers

purple

blou

blue

groen

green

bruin

brown

grys

grey

swart

black

'n baie / 'n bietjie

a lot / a little

kwaad / kalm

angry / calm

pragtig / lelik

beautiful / ugly

begin / einde

beginning / end

groot / klein

big / small

helder / donker

bright / dark

broer / suster

brother / sister

skoon / vuil

clean / dirty

volledige / onvolledige

complete / incomplete

dag / nag

day / night

dood / lewendig

dead / alive

wyd / smal

wide / narrow

eetbare / oneetbaar

edible / inedible

kwaad / vriendelik

evil / kind

opgewonde / verveeld

excited / bored

vet / maer

fat / thin

eerste / laaste

first / last

vriend / vyand

friend / enemy

vol / leeg

full / empty

hard / sag

hard / soft

swaar / lig

heavy / light

honger / dors

hunger / thirst

siek / gesond

ill / healthy

onwettige / wettige

illegal / legal

slim / dom

intelligent / stupid

links / regs

left / right

naby / vêr

near / far

nuut / tweedehands

new / used

niks / iets

nothing / something

oud / jonk

old / young

aan / af

on / off

oop / toe

open / closed

stil / lawaaierig

quiet / loud

ryk / arm

rich / poor

reg / verkeerd

right / wrong

grof / glad

rough / smooth

hartseer / gelukkig

sad / happy

kort / lank

short / long

stadig / vinnig

slow / fast

nat / droog

wet / dry

warm / koel

warm / cool

oorlog / vrede

war / peace

0	**1**	**2**
nul	een	twee
zero	one	two
3	**4**	**5**
drie	vier	vyf
three	four	five
6	**7**	**8**
ses	sewe	agt
six	seven	eight
9	**10**	**11**
nege	tien	elf
nine	ten	eleven

12

twaalf

twelve

13

dertien

thirteen

14

veertien

fourteen

15

vyftien

fifteen

16

sestien

sixteen

17

sewentien

seventeen

18

agtien

eighteen

19

negentien

nineteen

20

twintig

twenty

100

honderd

hundred

1.000

duisend

thousand

1.000.000

miljoen

million

Engels

English

Amerikaanse Engels

American English

Mandaryns

Chinese Mandarin

Hindi

Hindi

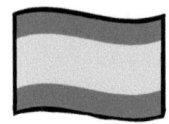

Spaans

Spanish

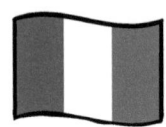

Frans

French

Arabies

Arabic

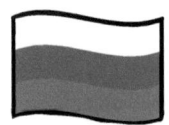

Russies

Russian

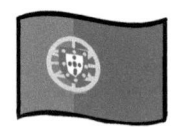

Portugees

Portuguese

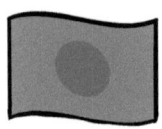

Bengaals

Bengali

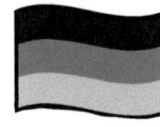

Duits

German

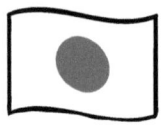

Japanees

Japanese

Ek

I

jy

you

hy / sy / dit

he / she / it

ons

we

julle

you

hulle

they

wie?

who?

wat?

what?

hoe?

how?

waar?

where?

wanneer?

when?

naam

name

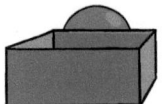

agter

behind

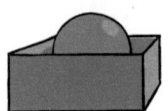

in

in

voor

in front of

oor

over

bo-op

on

onder

under

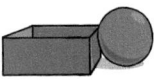

langs

beside

tussen

between

plek

place